Weil eine Welt mit Geschichten eine
bessere Welt ist.

Hersteller / Manufacturer (GPSR)
Storylution GmbH, Biberstraße 5, 1010 Vienna, Austria
E-Mail: story.one@story.one

Ada Diagne

Menschen

Life is a story

schreib's auf
story.one

1. Auflage 2021
© Ada Diagne

Herstellung, Gestaltung und Konzeption:
Verlag story.one publishing - www.story.one
Eine Marke der Storylution GmbH

Gesetzt aus Crimson Text und Lato.
© Fotos: Cover: Paula Prandini

Printed in the European Union.

ISBN: 978-3-7108-0126-6

Geschichten aus dem Sénégal

INHALT

Das Haus

Vor einem Monat hatte Tante Khady beschlossen, ihr neues Haus in Weiß zu streichen. Die hellgelbe Farbe, die typisch für Bauten aus der Kolonialzeit war, erinnerte sie an die Farbe von Katzenpisse. Sie meinte gar, sie könne die Pisse riechen, wenn sie sich im Erdgeschoss aufhalte. Dass an dem Geruch tatsächlich eine Streunerkatze schuld war, die sich im Innenhof eingenistet hatte, tat sie als unwahrscheinlich ab. Die Farbe musste weg.

Doch sollte sich herausstellen, dass ihr Unterfangen nicht so leicht umzusetzen war. Die Baubehörde hatte ihr Haus ein „kulturelles Gedächtnis" genannt. Tante Khady nannte es hässlich. Sie bestellte die Maler noch bevor sie den Bescheid der Behörde hatte.

Zwei Wochen später lehnten zwei schlaksige junge Männer im Hauseingang, die Hemden löchrig, die Jeans weiß gesprenkelt. Sie fragten, wo sie denn anfangen sollten.

„An der Vorderseite", sagte Tante Khady. „Die

Rückseite kommt zum Schluss."

Es dauerte drei Tage, bis die Maler fertig waren. Dann beschloss Tante Khady, dass sie auch den Innenhof weiß sehen wollte.

Nach fünf Tagen packten die Männer ihre Sachen zusammen, stapelten die leeren Farbkübel ineinander und wuschen sich die Farbe von den Schuhen. Der Nachbarsjunge brachte die Post. Die Baubehörde hatte den Anstrich genehmigt, doch war ‚die Vorderseite von der Veränderung ausgenommen'.

Tante Khady tobte.

Sie schickte die Maler los, um neue Farbe zu kaufen.

„Pissgelb, wenn die Behörde es so haben will." Sie spukte auf den Gehsteig.

Nach zwei Tagen leuchtete die Fassade wieder in Reingelb. Tante Khady stemmte die Hände in die Hüften und schüttelte den Kopf.

„Wenigstens ist der Innenhof weiß und so soll er auch bleiben."

Einen Monat später bekam die Streunerkatze Junge.

Bintas Schönheitssalon

Nabous Afro war ein Dickicht aus Zwirbeln und Locken. Seit Nabou denken konnte, hatte Mutter Aicha ihr den Afro frisiert; den Kamm in der geballten Faust wie eine Machete. Mit fünf Jahren schrie Nabou so laut, dass die Mutter ihr in die Wange zwickte. Mit vierzehn beschloss sie, sich nicht länger auf die Zunge zu beißen. „Dann such dir jemand anderen, der sich mit deinem Busch herumschlägt", sagte die Mutter und verschränkte die Arme vor der Brust. „Oder mach dir Zöpfe."

Von einer Bekannten bekam Nabou die Nummer von Binta. Binta hatte einen kleinen Frisörladen in der Innenstadt.

„Binta weiß immer, was in Dakar gerade getragen wird", versicherte die Bekannte.

Eine Woche später stand Nabou vor dem Frisörgeschäft. Es war ein kleiner Laden in einer ausgestorbenen Seitenstraße; die Ladenscheiben staubig, in der Auslage Puppenköpfe mit verschiedenen Glatthaar-Perücken. Über dem Eingang stand in abblätternden Lettern ‚Bintas Schönheitssalon'. In der Tür lehnte ein dünnes Mädchen. „Ihr Amerikanerinnen seid immer so pünktlich", lachte sie.

„Ich komme aus Europa", sagte Nabou.

Das dünne Mädchen war nicht die Frisörin, sondern eine Cousine. Sie verschwand im Hinterhof und Nabou wartete im leeren Salon. Nach einer halben Stunde tauchte Binta auf; riesenhaft, mit großem Bauch und großen Brüsten. Sie trug ein buntgemustertes Wickelkleid, die schweren Schultern nackt, ihr Haar mit einem Tuch umschlungen. Es folgte ein kurzer Austausch an Begrüßungsfloskeln. Binta orderte Nabou an, auf dem Stuhl vor dem Waschbecken Platz zu nehmen. Eine Stunde bearbeitete sie Nabous Afro mit Bürste und Palmöl. Dann war Mittagspause. Das dünne Mädchen stellte im Hinterhof eine riesige Schüssel mit Reis und gedünstetem Gemüse auf den Boden. Binta forderte Nabou auf, mit ihnen Platz zu nehmen. Im Kreis saßen sie um die Schüssel herum und aßen. Die Frisörin musterte Nabous Afro. „Ich sollte dir eine Glatthaar-Verlängerung machen", sagte sie. „Du hast den richtigen Hautton, nicht so dunkel. Die Männer werden dich für eine Amerikanerin halten.“

Nabou zupfte an einer abstehenden Locke. „Zöpfe sind auch nicht schlecht.“

Die Frisörin lachte. „Hast du schon mal ein Model mit Zöpfen gesehen? Die Mode sagt glatt.“

Das dünne Mädchen brachte die Schüssel weg und Nabou nahm wieder auf dem Stuhl Platz. Mit einem Kamm teilte Binta den Afro in drei Reihen. Dann flocht sie die Reihen zu Strängen fest am Kopf an. Aus einer Plastiktüte zog die Frisörin ein Bündel glänzendes Kunsthaar. Mit Nadel und Faden nähte sie die Strähnen an den einzelnen Strängen an, Reihe für Reihe.

„Schau nicht so“, lachte Binta. „Du wirst dich dran gewöhnen.“

Vier Stunden später verließ Nabou das Frisörgeschäft. Das lange, glatte Haar fiel ihr wie ein Vorhang auf die Schultern. In der Ladenscheibe betrachtete Nabou ihr neues Spiegelbild. Ihr Afro war verschwunden. Sie drehte sich um und marschierte zurück in den Laden.

Onkel Ousman

Niemand in seiner Familie wusste so recht, was Onkel Ousman eigentlich arbeitete. Nach der Schule hatte er viele Jahre im Ausland verbracht: Guinea, Sierra Leone, Liberia. Als er mit Anfang vierzig zurück nach Dakar kam, hatte er ein wenig Englisch gelernt und wenn ihn jemand fragte, was er in der Zwischenzeit so getrieben hatte, war seine kurze Antwort:

„Business".

Man fragte nicht weiter nach.

Die meisten Rückkehrer aus dem Ausland veränderten sich: Sie trugen schicke Anzüge, liebten teure Uhren und fuhren schwere Geländewagen. Onkel Ousman war anders. Er trug weiter seine ausgebeulten Leinenhosen und da er keinen Führerschein hatte, verhandelte er immer noch mit den Taxifahrern am Straßenrand. Das Einzige, was sich verändert hatte, war sein Biergeschmack. Er war teurer geworden. Und rauchte er mehr Zigaretten als vorher.

Was sich nicht verändert hatte, war, dass Onkel Ousman immer noch gerne unter Leuten saß. Er liebte die kleinen Lokale in den Hinterhöfen der Vororte. Er redete gerne und ausgiebig mit den Kellnern, während er auf sein Essen wartete. Auch wenn er jedes Gericht lobte, bestellte er nur wenige zweimal. Meistens, wenn er mit seinen Freunden nach Feierabend in einem Lokal versackte, wurde über Politik diskutiert: über den korrupten Präsidenten oder seinen verwöhnten Sohn. Über die neue Autobahn oder den alten Flughafen. Onkel Ousman wusste nicht über alles Bescheid, doch konnte er zu allem etwas sagen. Er sprach gelassen und mit ruhiger Stimme. Die Leute hörten ihm gerne zu. Wenn er redete, drehten die Menschen von den Nachbartischen ihre Stühle zu ihm, um sich an der Diskussion zu beteiligen. Erst zu späterer Stunde, wenn sich der Hof langsam leerte, wurde über Geld gesprochen: den Wechselkurs, die Preise in Europa, den gestiegenen Ölpreis.

Oft nippte Onkel Ousman bis spät nach der Sperrstunde an seinem Bier und es schien, als könnte der Besitzer erst schließen, wenn auch der Onkel gegangen war.

Eines musste man über den Onkel wissen: Er

hatte in seinem Leben schon vieles gesehen. Die Leute setzten sich zu ihm, um sich Ratschläge abzuholen oder ihren Kummer mitzuteilen: wenn sie verlassen wurden oder auf einen Betrüger hereingefallen waren. Die Menschen hingen ihm an den Lippen und die Lokalbesitzer wussten: Wenn Onkel Ousman in ihrem Hof saß, kam bald die ganze Nachbarschaft dorthin. Keiner wollte es sich mit ihm verscherzen. Sie luden ihn auf Getränke und Speisen ein, manche bezahlten sogar dafür, dass er ihr Gast war. Wenn eine neue Bar schlecht lief, dann wurde er gerufen. Die Stühle wurden voll und das Gelächter schallte bis spät in die Nacht.

Und wenn jemand wissen wollte, wie er das alles machte, sagte Onkel Ousman nur:

„Business."

Man fragte nicht weiter nach.

Die Küstenstraße

Mamadou wuchs in einer Familie von Straßenverkäufern auf. Sein Großvater verkaufte Tee an Kolonialbeamte, die auf der hohen Küste Spaziergänge machten. Später verkaufte Mamadous Vater an derselben Stelle kleine Gebetsteppiche.

„Das hier ist der beste Standplatz", sagte der Vater immer. „Ganz egal, wie viel man verkauft."

Was Mamadous Vater meinte, war der weitläufige Blick von der Küstenpromenade aufs offene Meer. Möwen segelten über den Hang und wenn es geregnet hatte, verschwand die See im blauen Dunst. Auf den Bänken dösten Obdachlose und selbst Straßenwachen hielten inne, um den Ausblick zu genießen. Am Ende ihres Arbeitstages setzten Mamadou und sein Vater sich auf eine der Bänke und betrachteten den Sonnenuntergang.

„Das hier ist der beste Platz", wiederholte der Vater dann. „Für alle."

Als Mamadou zwanzig wurde, starb der Vater und er übernahm den Verkaufsstand. Im selben Jahr beschloss der Präsident, die Küstenstraße von zwei Spuren auf vier zu vergrößern. Die Stadt sollte „moderner" werden.

„Modern und international", hatte er übers Radio verkünden lassen.

Die Bauarbeiten dauerten fast zwei Jahre und nach weiteren zwei Jahren hatte sich der Verkehr auf den Spuren verdreifacht. Die Promenade wurde betoniert und der erste Freizeitpark des Landes gebaut. Immer öfter waren es nun Touristen, die Mamadous Gebetsteppiche kauften.

„Wir greifen der Wirtschaft nur ein wenig unter die Arme", verkündete der Präsident im Fernsehen. „Für alle."

Nobelhotels und Restaurants pflasterten bald das Küstenbild. Viele Teile der Promenade waren nur mehr über eine Hotellobby zu erreichen. Die Straßenverkäufer wurden höflich gebeten, ihren Gewerbestandort ins Stadtinnere zu verlegen. Nicht lange und auch Mamadous Verkaufsstand musste einem Wellness-Spa-Hotel weichen. Auch die Obdachlosen verschwanden.

Mamadous neuer Stand lag direkt an der Hauptstraße. Seine Teppiche rochen nun nach Abgasen und wenn er verhandelte, schrie er gegen ein Hupkonzert an. Oft musste er an seinen Vater denken. Dann an seinen Großvater.

Nach Feierabend packte Mamadou seine Teppiche und beeilte sich zu dem neuen Spa, das nun an jener Stelle über die Küste ragte, an der zuvor seine Bank gestanden hatte. Er betrat die weiß gefliste Terrasse, legte seine Teppiche auf den Boden und setzte sich auf einen Stuhl am Geländer. Dann betrachtete er den Sonnenuntergang. Eine Kellnerin stellte sich neben ihn. Sie lächelte ihn an.

„Schöner Ausblick, nicht wahr?"

„Ja. Schön."

„Wenn Sie hier sitzen bleiben wollen, müssen Sie etwas bestellen."

Am Fischmarkt

Ihr ganzes Leben hatte Fatima auf dem Fischmarkt verbracht. Sie hatte hier ihre Kinder großgezogen und später ihre Enkelkinder; sie hatten zwischen den Holzständen laufen gelernt und in den bunt bemalten Fischerbooten gerauft. Fatima selbst hatte den Ruf einer harten Geschäftsfrau. Sie hatte ein Ohr für gute Kunden. Sie konnte am lautesten verhandeln und hielt am längsten durch.

„Wenn deine Kinder deinen Sturschädel haben, musst du um deinen Geldbeutel nie fürchten", lachten die anderen Händlerinnen.

Famita lachte nicht. Es ging ihr nicht um Geld. Nur um einen fairen Preis. Wenn sich der Fischmarkt abends leerte, saß sie auf einer kleinen Steinbank und betrachtete die silbrigen Wellen. Das Meer hörte sich jede Nacht anders an. Nach Hause ging Fatima nur zum Schlafen, am nächsten Morgen stand sie wieder hinter ihrem Stand.

Für Fatima war Fisch Geschäft und Heimat

zugleich. Sie mochte es nicht, wenn der Marktboden mit totem Fisch übersäht war, weil die jungen Fischer ihn schlecht verstauten.

„Wenn ihr weiter so macht, wird das Meer bald sein Maul schließen", rief sie ihnen zu.

Die Jungen lachten. Dann kümmerten sie sich wieder um ihre Boote.

Fatima war aufmerksam, das war sie immer schon gewesen. Sie wusste, welcher Fisch in welchem Monat am häufigsten gefangen wurde. Sie bemerkte zuerst, als die Netze weniger prall waren als im Vormonat. Irgendwann merkten es auch die anderen.

„Wir werden die Jungen zurechtweisen", sagte Adja, ihre Standnachbarin.

Fatima schwieg lange. „Das sind nicht die Jungen."

In den nächsten Jahren kamen die Boote mit immer leereren Netzen zurück. Die jungen Fischer erzählten, was sie am Meer gesehen hatten: mächtige Schiffe aus Stahl, Kräne wie Fangzähne.

„Sie haben die größeren Netze", sagte einer.

„So viel Fisch kann doch keiner verkaufen!", ein anderer.

„Wo kommen die überhaupt her?"

Fatima knirschte mit den Zähnen. Nicht lange und der prekäre Fischbestand stand in allen Zeitungen. Die Jungen fuhren immer weiter raus aufs Meer und kamen immer später zurück. Die Boote wurden nicht mehr voll. Am Fischmarkt breitete sich Unruhe aus. Manche Jungen sprachen davon fortzugehen, auch Fatimas Söhne.

„Was wollt ihr denn machen?", sagte Fatima. „Ihr seid Fischer, das waren wir immer schon!"

Die Söhne zuckten mit den Schultern. Dann küssten sie ihrer Mutter die Wange.

„Bald wird das Meer sein Maul schließen", sagten sie traurig. „Wir haben es gesehen, Mama."

Nachdem sie fort waren, schickten sie Geld nach Hause. Fatima schickte es zurück. Sie stellte sich wieder hinter ihren Holzstand und begann zu verhandeln.

Fußball

Zum ersten Mal sah Papy im Fernsehen von Europa. Er war gerade sechs Jahre alt geworden und seine Einschulung lag nur wenige Wochen zurück. Ein französischer Fußballclub hatte den Spieler Omar Dembélé für eine halbe Million Euro aus dem Sénégal eingekauft. Nun lebte dieser in Hotels zwischen London und Paris, machte Werbung für Markenlaufschuhe und beteuerte auf Channel 5, wie gern er südfranzösische Patisserie aß.

„Die kaufen uns die besten Spieler weg", schimpfte Onkel Lamine, während er die Nachrichten auf seinem kleinen Fernseher im Salon verfolgte, eine Dose Bier in der rechten Hand, eine Zigarette in der linken. Seine Zähne waren gelb und schief, die Augäpfel gerötet. „Und Tore schießen die trotzdem nicht."

„Was meinst du damit?", fragte Papy.

Onkel Lamine schüttelte nur den Kopf und grabschte nach der Fernbedienung.

Seit jeher schwärmten die Jungen in Papys Straße von einer Karriere in Frankreich. Sie trafen sich jeden Freitag auf dem Sandplatz hinter dem Busbahnhof und übten Toreschießen. In den nächsten Wochen schloss Papy sich ihnen an. Er war der Jüngste unter ihnen; während die anderen begannen, erste Freundschaftsspiele auszutragen, übte er am Rand das Köpfeln. Nach zwei Jahren durfte er mit in die Mannschaft. An seinem zehnten Geburtstag erhielt er von den anderen Spielern den Spitznamen ‚Speer'. Tante Fatou verlangte, dass er seine Schulaufgaben fertig machte, bevor er zum Busbahnhof lief. Onkel Lamine lachte nur.

Mit vierzehn bestand Papy die Aufnahmeprüfung für die Fußballakademie. Zum Busbahnhof ging er seitdem nicht mehr. Onkel Lamine nahm einen zweiten Job als Taxifahrer an, um ein neues Paar Fußballschuhe zu finanzieren.

„Die besten Schuhe für die besten Füße", sagte er.

Als Papy siebzehn wurde, kam er ins Team der Junioren Nationalmannschaft. Er war morgens der Erste auf dem Rasen und abends der Erste im Bett. Als der Africa Cup begann, prangte

Papys Gesicht auf den Bannern von Autobahnhaltestellen und Erstklässler ritzten im Unterricht seinen Namen in die Schulbank. Nachdem der Cup vorbei war, kontaktierte ihn ein französischer Fußballclub, um ihm ein Angebot zu unterbreiten. Flugticket inklusive. Tante Fatou weinte, als sie von Papys Aufbruch erfuhr, doch als sie die Gehaltssumme auf dem Vertrag sah, wischte sie eilig ihre Tränen weg. Onkel Lamine sprach kein Wort.

„Wir werden jedes deiner Spiele im Fernsehen verfolgen", sagte die Tante zum Abschied.

Tatsächlich würde Papy die nächsten Jahre auf der Ersatzbank des französischen Fußballclubs verbringen. Weder Tante Fatou noch Onkel Lamine noch die Kinder vom Busbahnhof sahen ihn je wieder spielen. Die Plakate auf den Autobahnen waren bald entfernt und Onkel Lamine schimpfte wieder beim Fernsehen.

Im Taxi

Taxis gab es in Dakar wie Fliegen am Fischmarkt. Sie waren quietschgelb, laut und unvorhersehbar. In den Kurven fuhren sie auf dem Mittelstreifen, da die Fahrer die Spur nicht halten konnten. Sie vergaßen zu blinken, schnitten beim Abbiegen und kannten keinen Schulterblick. Wenn man Fußgänger war, rannte man besser um sein Leben, wollte man auf die andere Straßenseite.

„Das ist, weil sie ihren Führerschein gekauft haben", stöhnte Vater Samba immer. „Sind eben immer noch Kutschfahrer vom Land. Tragen beim Fahren Scheuklappen wie Gäule."

Vater Samba musste es wissen. Er hatte seinen Führerschein in Amerika gemacht. Auch dort gab es verrückte Fahrer, doch passten sie besser auf ihre Fahrzeuge auf. Als Sambas Sohn noch zur Schule ging, hatte er ihn selbst gefahren. Davor hatte er ihm Geld fürs Taxi gegeben, doch weil er kein Wolof sprach, wurden die Fahrten mitunter sehr teuer. Vater Samba hatte geschworen, sich nie wieder in ein Taxi zu setzen, wenn es nicht sein musste. An diesem Tag musste es sein. Sein Jeep hatte einen Platten und er und sein Sohn einen Termin in der amerikanischen Botschaft. Es schüttete in Strömen, die Taxifahrer freuten sich. Samba und sein Sohn drückten sich unter einen Schirm und winkten ein Taxi herbei. Der Fahrer trug eine Sonnenbrille und kaute auf einem Holzstab. Er musterte den Sohn und Samba begann zu verhandeln.

„Fünfhundert für dich, zweitausend für ihn", sagte der Fahrer und starrte geradeaus auf die nasse Fahrbahn.

„Er ist mein Sohn. Er ist Senegalese." Samba stellte seinen Kragen auf. „Und dein Taxi hat nicht mal Gurte."

Der Fahrer zuckte mit den Schultern. „Kein Geld, keine Fahrt."

Der Vater presste die Lippen zusammen. Weit und breit kein anderes Taxi in Sicht und seine Socken wurden langsam feucht. Sein Sohn drängte sich vor. „Monsieur", sagte er und lächelte den Fahrer an. Er hatte in Boston Jus studiert und lebte erst seit Kurzem wieder in der Heimat. „Könnte ich Ihre Lizenz sehen?"

Der Taxifahrer drehte den Kopf.

„Ihr Licht funktioniert nicht und vorne fehlt das Kennzeichen. Woher wissen wir, dass Sie den Wagen erworben haben?"

Der Fahrer kniff die Augen zusammen. Dann grinste er grimmig. „Also doch Amerikaner."

„Wir zahlen tausend für beide. Eine echte Lizenz ist teurer."

Der Taxifahrer lachte amüsiert. Dann wurde er ernst. Er kratzte sich am Hinterkopf und nickte in Richtung Rückbank. Samba und sein Sohn quetschten sich ins Auto. „Zur amerikanischen Botschaft", sagte der Sohn. „Bitte."

Der Fahrer legte den Gang ein.

„Ach und: Ich bin Senegalese."

Der Fahrer grinste im Rückspiegel. „Ohne Zweifel."

Dann schoss das Taxi die Straße hinunter, in der Kurve sprangen schimpfend die Passanten zur Seite.

Der Sturm

Der Sturm überraschte die Einwohner von Gorée am frühen Abend. Ebenso die Touristen, die einen Tagestrip auf der kleinen Insel verbrachten, um sich das ehemalige Sklavenhaus anzusehen. Die Fähre zum Festland wurde ab zwanzig Uhr eingestellt, selbst der Kapitän fluchte darüber.

„Schlaft auf der Insel oder schlaft auf dem Meeresgrund!", rief er den verärgerten Touristen zu. Er selbst würde die Nacht in der Poststelle verbringen.

Der Wind wurde stärker und Bürgermeister Abdou hing am Telefon; alle Hostels waren belegt. Familien mit Sonnenbrand und Strohhut drängten sich am leeren Hafen zusammen. Wind und Sand fegten ihnen durch die Beine, die Väter tobten.

„Wo sollen wir jetzt schlafen?"

„Das nennt ihr Gastfreundschaft?"

Bürgermeister Abdou setzte sich wieder ans Telefon. Während des Dienstes sprach er Französisch, doch wenn er aufgeregt war, bellte er auf Wolof ins Telefon. Als die ersten Regenschauer einsetzten, hatte er den Museumskurator erreicht: Im Sklavenhaus sei noch reichlich Platz. Der Kurator schickte seinen Sohn zum Hafen, um die schimpfenden Touristen abzuholen. Mit triefender Kleidung erreichte der Menschenstrom das Museum. Mütter wickelten ihre Kinder in Strandtücher, Väter ihre Kameras in Plastiktüten. Von der Decke tropfte es, durch die Steinwände pfiff der Wind. Das Sklavenhaus war ein großes Gebäude mit dicken Wänden und schmalen Fenstern; sie hatten kein Glas und zeigten direkt auf die Klippen. Dem Mythos nach hatten vor zweihundert Jahren im Untergeschoss Menschen ausgeharrt; ausgehungert und angekettet im Dunkeln, bevor sie auf Schiffe verladen wurden. Heute tummelten sich untertags Schulklassen aus Dakar in den Gängen. Das Sklavenhaus hatte Gorée berühmt gemacht.

„Essen haben wir keines im Haus", entschuldigte sich der Sohn des Kurators. „Aber im Untergeschoss gibt es Wasserflaschen." Er hatte einige Zeit in Europa gelebt, sprach fließend Englisch und Deutsch. Die Touristen nickten erschöpft.

Der Sohn brachte Sitzkissen und als der Strom ausfiel, lief er noch einmal los und holte Kerzen.

„Es gibt sicher angenehmere Ort zum Nächtigen", entschuldigte er sich erneut.

Draußen heulte und donnerte es. Die Kinder weinten und die Mütter verteilten die letzten Sandwiches. Zumindest die Bäuche sollten voll sein. Schulter an Schulter gepresst saßen die Menschen auf dem Boden, Strandtaschen und Hüte an die Brust gedrückt. Ein Blitz erhellte die Wände, die Familien zitterten. Die Nacht schien ewig zu dauern. Am Morgen brach der Himmel auf. Licht fiel durch die Fenster und die Touristen lachten erleichtert auf.

„Na endlich!"

„Was für ein Abenteuer!"

Sie zogen einander hoch und klopften sich den Staub von der Kleidung. Dann schüttelten sie dem Sohn des Kurators die Hand und verließen eilig das Sklavenhaus. Mit der ersten Fähre fuhren sie zurück aufs Festland.

Die Künstlerin

Diarra wohnte in einer Rohbausiedlung direkt an der Autobahn. Im Hof hatten sie zwei Ziegen und auf dem Dach spannte eine Wäscheleine. Ihr Zimmer teilte sie sich mit ihrem zweijährigen Bruder. Das Fenster war ein Loch in der Wand, direkt auf die Autobahn. Wenn sich zu Ferienbeginn die Autokolonnen stauten, musste Diarra ein Tuch davor spannen, um ihre Betten vor Sand und Abgasen zu schützen. An den Lärm hatte sie sich längst gewöhnt. Im Fernsehen nannten sie ihre Siedlung „Slum", doch Diarra fand, dass das nicht stimmte.

„In diesem Sommer werde ich reich", beschloss der Nachbarjunge, als in Dakar die Schulferien losgingen. Er schloss mit dem Greißler in der Siedlung einen Deal, bekam Kühltasche und Cola-Dosen von ihm. Die wollte er an die wartenden Autofahrer verkaufen. Diarra sollte ihm helfen. Da ihre Eltern arbeiteten, band sie sich ihren kleinen Bruder mit einem Tuch auf den Rücken und nahm ihn mit.

Auf der Autobahn war es staubig und laut. Die

Saharahitze glühte und die Autofahrer hupten. Die Kinder gingen von Auto zu Auto. Diarra trug die Kühltasche, der Nachbarsjunge machte die Getränkeausgabe. „Kalte Cola! Eiskalte Cola!" Das Geschäft lief gut, Diarra konnte die Münzen in der Tasche klimpern hören. Nur ihr kleiner Bruder langweilte sich und begann zu weinen. Ein Fahrer warf seine leere Dose aus dem Fenster. Diarra bückte sich und hob sie auf.

„Lass die liegen, Dummerchen", sagte der Nachbarsjunge. „Bringt kein Geld."

Diarra nahm sie mit. In der Nacht schrubbte sie sich und ihrem Bruder den Dreck aus den Haaren. Danach nahm sie die Dose und schnitt sie auf. Der Lärm auf der Autobahn hatte sich beruhigt. Am Himmel leuchteten die Sterne und die Katzen auf den Dächern fiebten leise. Diarra war geschickt und in der Früh hatte sie aus der Cola-Dose eine kleine Ziege gebastelt.

„Was ist das denn?", lachte der Nachbarsjunge, dann zuckte er die Schultern.

Auf der Autobahn drückte Diarra ihrem Bruder die Blechziege in die Hand. Er betatschte sie und war zufrieden.

„Hast du das gemacht?" Eine Frau mit Kopftuch und riesiger Sonnenbrille lehnte sich aus einem Jeep. Sie deutete auf die Blechziege. „Wie viel?"

Diarra und der Nachbarsjunge sahen einander an. Der Junge hustete einen Preis; er war dreimal so hoch wie für ein gekühltes Getränk. Die Frau bezahlte ihn.

Den Rest des Tages sammelten die Kinder leere Dosen vom Asphalt auf. Manchmal verkauften sie einem Fahrer ein Getränk und warteten dann, bis er ausgetrunken hatte. In der Nacht verwandelte sich Diarras Zimmer in ein Atelier: Aus den Cola-Dosen bastelte sie Flusspferde, Antilopen, Flamingos oder Geparden. Am Ende des Sommers hatten die Kinder über einhundert Blechtiere verkauft. Diarra wusste erst nicht, was sie mit ihrem Anteil machen sollte. Sie beschloss, einen Glaser zu holen. Als die Schule wieder losging, war das Loch in ihrem Zimmer mit einer Scheibe versehen. Diarra lächelte. Sie schloss das Fenster und betrachtete die Autos in der sengenden Hitze.

Masken

Felwines Nachbar war ein kleiner Mann mit grauem Bart und dünnen Armen. Die Kinder aus der Nachbarschaft nannten ihn verrückt. Felwine mochte seine ruhige Art. Den ganzen Tag saß der Alte auf einem Hocker in seinem Hof und schnitzte Holzmasken. Er schnitzte immer das gleiche Gesicht: lange Wangenknochen, die Augen zwei Schlitze, genau wie der Mund. Er brauchte genau einen Tag für eine Maske, jede glich der anderen wie ein Zwilling.

Die Kinder kicherten, wenn sie an seinem Hof vorbeiliefen, und tippten sich an die Stirn. Die Eltern mahnten sie zu mehr Respekt; früher war der Alte an der Universität gewesen, Professor für Kolonialgeschichte. Seine Vorlesungen über den Sklavenhandel waren immer voll gewesen, genauso wie die Köpfe seiner Studentinnen. Die Leute erzählten, der Ruhestand hätte ihn verrückt gemacht.

Als Felwine klein war, hatte er den Mann heimlich bei der Arbeit beobachtet. Erst als er älter und seine Stimme kräftig war, betrat er seinen

Hof. An den Mauern stapelten sich die Holzmasken zu Türmen.

„Wessen Gesicht schnitzt du da eigentlich?", fragte Felwine.

Der Nachbar sah auf.

„Erkennst du es denn nicht? Es ist dein Gesicht." Er widmete sich wieder dem Holzstück zwischen seinen Knien. „Und meines auch."

Felwine schwieg.

„Es ist immer das gleiche Gesicht", sagte er nach einer Weile. „Dein ganzer Hof ist voll. Wie viele willst du noch machen?"

Der Nachbar hielt inne. Zwischen seinen Augenbrauen hing eine Schweißperle.

„Zwölf Millionen."

Felwine kratzte sich am Kopf. Vielleicht hatten die Kinder aus der Nachbarschaft doch recht. Er betrachtete die kleinen Holzsplitter zwischen den Füßen des Mannes. „Wieso so viele?"

Der Alte lächelte. Er kramte in seiner Tasche

und hielt ein kleines Messer hoch.

„Wenn du mir hilfst, geht es schneller."

Felwine setzte sich neben ihn auf den Boden und zog ein Holzstück heran. Vor dem Tor hörte er die Kinder kichern.

„Und was machst du, wenn du die zwölf Millionen erreicht hast?", fragte der Junge nach einer Weile.

Der Nachbar sah nicht mehr auf.

„Dann schnitze ich ein Schiff."

Nacht

Zu Jahresbeginn hatten Astous Elten beschlossen, ein Haus in den Almadies zu kaufen. Es war ein junges Viertel im Westen Dakars; weiße Villen, Mauern aus dunklem Glas und Wachen an jeder Straßenecke. Wenn man es genau nahm, war es die westlichste Spitze Afrikas. Die Leute, die hier wohnten, waren die ersten in ihrer Familie, die zu Geld gekommen waren; durch Arbeit, Heirat oder Glück. Ihre Kinder gingen auf Privatschulen, nach Schulschluss dösten sie in Swimmingpools und blinzelten durch Sonnenbrillen. „Die Immobilienpreise sind gut im Moment", hatte Astous Mutter erklärt. „In zehn Jahren wirst du das genauso sehen."

Mit den Mädchen aus der Nachbarschaft hatte Astou wenig gemein; sie waren laut und schrill, doch wenn man länger mit ihnen sprach, wurden sie sehr ernst. Sie wirkten immer ein wenig gelangweilt. Am Wochenende verwandelte sich das Viertel in eine Lichterstadt. Diskotheken pflasterten die Hauptstraße, Geländewagen und Taxis stauten sich auf dem Gehweg. Astou musste die Fenster schließen, um nachts schlafen zu können.

„Komm doch mal mit", sagten die Mädchen aus dem Nachbarhaus immer. Nach der Disko lehnten sie im Dunkeln an Astous Haustor und rangen kichernd um Gleichgewicht. Es dauerte ein halbes Jahr, bis die Nachbarstochter Astou überreden konnte, mit ins Coco Beach zu kommen.

Der Club war neu und lag direkt an der Küste; weite Terrasse, beleuchteter Pool und Palmen in Töpfen. Die Gäste trugen Weiß und aus den Boxen dröhnte amerikanische Popmusik. Die Nachbarstochter drückte Astou einen Ananas-Drink in die Hand. Ihr Name war Yacine und ihr weißes Cocktailkleid saß genauso stramm wie der geglättete Pferdeschwanz. „Du bist immer so ruhig", sagte sie und stellte Astou ein paar Leuten vor; Mädchen mit blauem Lidstrich und junge Männer in weißen Sportschuhen. Sie lehnten an einem Stehtisch und schossen Gruppenfotos von ihren Smartphones.

„Du wohnst also auch in den Almadies?"

„Wohnung oder Villa?"

Sie erzählten Astou von ihren Plänen nach der Matura: Champagner in Saly, eine Reise nach London, studieren in Paris.

Zu Mitternacht hatte Astou das Gefühl, mit jedem Gast gesprochen und doch kein Wort gesagt zu haben. Die Musik wurde lauter und die Terrasse voll. Kellner mit Handschuhen standen hinter einer langen Bar und mixten Cocktails im Akkord. Astou stellte sich ans Geländer und betrachtete die tanzende Menge. Ein junger Mann mit goldener Basecap drehte sich zu ihr. Er grinste sie lange an, ehe er etwas sagte. „Von hier aus kannst du direkt nach New York sehen."

Astou blickte auf den dunklen Horizont. Unter ihr brachen sich die Wellen an den Steinen. Die Musik in ihrem Nacken vibrierte und schallte bis in den Nachthimmel.

„Stimmt nicht", sagte sie nach einer Weile.

Der junge Mann blinzelte sie an.

„Dazwischen liegen die Kapverdischen Inseln. Nach New York wirst du von hier niemals sehen."

Tante Coumba

Tante Coumba und ihre fünf Kinder wohnten in Saint Louis, einer verschlafenen Altstadt im Norden Sénégals. Durch die Straßen streiften Kutschen, in den Gassen tummelten sich Touristen. Soweit sich Tante Coumba erinnern konnte, war ihr Haus immer voll gewesen; die Betten im Obergeschoss waren stets belegt, der große Tisch immer gedeckt. Abends lud die Tante ihre Nachbarn ein, um gemeinsam im Salon zu sitzen. Meist erzählten diese von ihren Ausflügen in die Hauptstadt: vom Treiben auf dem Markt, von Messen und Festen. Und wenn es nichts zu erzählen gab, dann saßen sie beisammen, um dem Treiben in den Gassen zu lauschen. Tante Coumba liebte es, wenn ihr Salon voller Menschen war. In der Küche hatte sie stets Kuchen und Fruchtsaft parat, um für jeden Besucher gewappnet zu sein.

Ihr Bruder lachte immer. „Weißt du überhaupt noch, wer unter diesem Dach zur Familie gehört?"

Tante Coumba lachte mit. „Ist das denn wichtig?"

Mit den Jahren wurden die Kinder erwachsen. Eines nach dem anderen verließ das Haus, um ihm Ausland zu studieren. Die Tante konnte ihre Tränen kaum verbergen. „Kommt mir erst wieder, wenn ihr was erlebt habt!", rief sie ihnen nach.

Auch die Nachbarn packten ihre Koffer. Sie wollten in die Hauptstadt ziehen, um „mehr von der Musik mitzubekommen". Tante Coumba schenkte ihnen Kuchen zum Abschied. „Kommt mich erst besuchen, wenn ihr viel gesehen habt!", rief sie ihnen zu.

Nachdem Kinder und Nachbarn fort waren, war es still im Haus. Die Betten im Obergeschoss waren leer. Trotzdem schüttelte die Tante jeden Tag die Laken neu auf. Einmal in der Woche deckte sie den großen Tisch im Salon, dann öffnete sie alle Türen, direkt auf die Gassen. Wenn ihr Bruder nach Feierabend auf Besuch kam, saßen sie lange zu Tisch und lauschten den Touristengruppen durch die Altstadt flanieren. Eines Abends steckte ein Mann mit Sonnenhut und Kamera seinen Kopf zur Salontür herein. „Verzeihung." Er blickte auf die gedeckte Tafel. „Sind hier noch Zimmer frei?"

„Die Herberge ist eine Gasse weiter", sagte der Bruder.

Tante Coumba sprang auf. „Wie viele?"

Der Mann warf einen Blick zurück. „Wir sind zwölf."

Tante Coumba hastete in die Küche, um Kuchen und Fruchtsaft zu holen. Der Salon füllte sich mit Menschen; sie kamen von weit her und waren zum ersten Mal im Sénégal. Die Touristen erzählten Geschichten von ihren Reisen und Geschichten von ihren Heimatorten. Es wurde auf Französisch gelacht und auf Englisch diskutiert. Die Tante servierte Käse und Obst und wenn die Gläser leer waren, füllte sie sie eilig auf.

Ihr Bruder half der Tante beim Überziehen der Betten. Er schüttelte den Kopf. „Weißt du überhaupt noch, wem unter diesem Dach du den Tisch deckst?"

Tante Coumba lachte nur. „Ist das denn wichtig?"

Ada Diagne

„In meinen Texten beschäftige ich mich mit den Themen Afrozentrismus, Erinnerungskultur und Machtkritik. Aber auch Ökofeminismus und Umweltschutz sind Gebiete, über die ich immer wieder schreibe. Am Ende des Tages freue ich mich, wenn jemand meine Geschichten liest und noch lange über sie nachdenkt."

Alle Storys von Ada Diagne zu finden auf
www.story.one

schreib's auf
story.one

Viele Menschen haben einen großen Traum: zumindest einmal in ihrem Leben ein Buch zu veröffentlichen. Bisher konnten sich nur wenige Auserwählte diesen Traum erfüllen. Gerade einmal 1 Million publizierte Autoren gibt es derzeit auf der Welt - das sind 0,013% der Weltbevölkerung.

Wie publiziert man ein eigenes story.one Buch?

Alles, was benötigt wird, ist ein (kostenloser) Account auf story.one. Ein Buch besteht aus zumindest 15 Geschichten, die auf story.one veröffentlicht werden. Diese lassen sich anschließend mit ein paar Mausklicks zu einem Buch anordnen, das sodann bestellt werden kann. Jedes Buch erhält eine individuelle ISBN, über die es weltweit bestellbar ist.

Auch in dir steckt ein Buch.

Lass es uns gemeinsam rausholen. Jede lange Reise beginnt mit dem ersten Schritt - und jedes Buch mit der ersten Story.

#livetotell

Zeitfracht Medien GmbH
Ferdinand-Jühlke-Straße 7
99095 Erfurt, Deutschland
produktsicherheit@kolibri360.de